붉은 흔적을 봤다

시산맥 서정시선 080

붉은 흔적을 봤다
시산맥 서정시선 080

초판 1쇄 발행 | 2021년 6월 10일

지 은 이 | 이창진
펴 낸 이 | 문정영
펴 낸 곳 | 시산맥사
편집주간 | 김필영
편집위원 | 강수 오현정 정선
등록번호 | 제300-2013-12호
등록일자 | 2009년 4월 15일
주　　소 | 03131 서울특별시 종로구 율곡로 6길 36.
　　　　　월드오피스텔 1102호
전　　화 | 02-764-8722, 010-8894-8722
전자우편 | poemmtss@hanmail.net
시산맥카페 | http://cafe.daum.net/poemmtss

ISBN 979-11-6243-210-5 03810

값 9,000원

* 이 시집은 대전광역시, 대전문화재단에서 사업비 일부를 지원 받아 발간되었습니다.
* 이 책은 전부 또는 일부 내용을 재사용하려면 반드시 저작권자와 시산맥사의 동의를 받아야 합니다.
* 이 도서의 국립중앙도서관 출판도서목록은 서지정보유통지원시스템 홈페이지(http://seoji.nl.go.kr)와 국가자료종합목록 구축시스템(http://kolis-net.nl.go.kr)에서 이용하실 수 있습니다.
* 이 시집은 교보문고와 연계하여 전자책으로도 발간됩니다.

붉은 흔적을 봤다

이창진 시집

* 본문 페이지에서 한 연이 첫 번째 행에서 시작될 때에는 〈 표기를 합니다.

■ 시인의 말

셋째 고개 넘는
나무마다
봄 눈 내리면

잠깐 스친
인연 녹녹히
머물다

세 번
더 깊어져
아지랑이 올라갈 때

가지가지
꽃 피워놓고
고개 넘어가리라

2021년 5월, 이창진

■ 차례

1부

천심^{千尋} – 19

온난화 – 20

꽃 – 22

자식을 묻고 – 23

저항 – 24

교감^{交感} – 26

아버지 – 27

어깨는 말이 없다 – 28

진미^{眞美} – 29

이름의 끝 – 30

신^{新} 계급 – 31

환경 난민들 – 32

무게 – 34

나리꽃 – 35

원시교감^{原始交感} – 36

넝마주이 – 38

2부

동자꽃 – 43

아카시 – 44

구름은 풍경이다 – 45

현弦이 차다 – 46

수몰마을 – 47

사랑방 – 48

회귀回歸 – 50

시詩 – 51

그리움 – 52

총각김치 – 53

봄 마당놀이 – 54

모심기 – 55

농부주름 – 56

몽당연필 닮았다 – 57

대한민국 – 58

아이 방식 – 59

3부

산골 여름 − 63

금강 평화 − 64

떠돌이 고향 − 65

달팽이 눈물 − 66

착한 뿌리 − 68

반공건국청년운동구국기념탑 − 70

몰라 − 71

해고 − 72

왈츠의 봄 − 73

잔혹사^{殘酷史} − 74

분리수거 − 76

23.5 − 78

여의도 춤 − 80

감나무 − 81

감나무 2 − 82

저수지 화음^{和音} − 83

4부

촛불 – 87

치매 – 88

마음 – 89

이빨 자국 – 90

시강^{詩江} – 92

억새와 풀 – 93

노을 끝 – 94

축제 – 95

중년 – 96

삼색일체^{三色一體} – 97

붉은 흔적을 봤다 – 98

종달새가 울고 있다 – 100

반딧불 – 102

노숙자 – 103

복사기 – 104

봄비 – 106

■ **해설** | 오봉옥(시인) – 109

1부

천심千尋

봄 먹은
얼갈이 한 단 사와
맑은 물에
뉘어
묵은 때를
벗겨
방울방울 구르는
초록빛으로
총총 썰어
양푼에 넣고
설 설
비벼대는 엄니 맘

온난화

70년대 초
돼지를 많이 기르는 외딴집에서
개구리를 잡아다 주면
한 마리당 1원씩 주었다

동네꼬마들은
새해부터 개구리 잡으러
산과 들, 논과 하천을 파헤치며
돌아다녔다

새끼 돼지와 어미를
통통하게 살찌우기 위해
산 개구리를
펄펄 끓는 가마솥에 넣고 삶았다

돼지 농장주는
빠르게 통통통 배를 불렸지만

동면에서 깨어 나오기도 전에

잡혀 사라져간
개굴개굴 울음만큼
지구 틈은 쩍쩍 벌어져 갔다

꽃

한밤의 열기

소통의 미소

수줍은 살결

生을 품은 태

재건의 주춧돌

창밖의 세레나데

희망으로 가는 다리

자식을 묻고

창문을
하얗게 두드리는 봉우리

동글동글
창문에 맺혀 서성이고

피지 못해
흘러내리는 가슴의 멍

엎어져
풀잎풀잎 울고만 있네

저항

초중학교
교장 선생의 훈시 전
차렷 열중 셧

고등학교
얼룩얼룩 교련복 입고
찔러 총

부동자세
검정 옷 검정 모자
굴레에 씌워져

들꽃처럼
아프도록 흔들렸던
영혼의 바람

쓴웃음 속
훨훨 피워 낸
자유에 대한 갈망^{渴望}

〈
붉은 꽃으로 익혀
젊은 피로 싸워온
유신 맞바람

교감 交感

산 속
홀로 사는
할머니

외딴 초가집
좁은 언덕
오솔길

옹기종기
빛바랜 장독
커다란 바위 하나

눈 내리는 밤
탱자나무 울타리
참새 앉자

까치 한 마리
까~악

아버지

노을 지는 먼 산을 바라보니 흰 구름에
황새 날개 펼치시고 땀방울을 흘리시며
자식 짐 가볍도록 지고 가신 하늘길에
별빛마다 둥그런 웃음 주고 간 발자국

머리 백발 되어보니 뼛속까지 하얘지며
무관심했던 마음에 눈물이 차 올라와서
고개 숙인 나에게 와 다정히 안아주시며
사랑한다 사랑한다 어루만지시는 아버지

아버지가 되어보니 온몸으로 그리운 맘
따뜻하게 감싸주던 손, 밀어냈던 불효자
멀어졌던 나에게 다가와 괜찮다, 괜찮다
변함없는 사랑으로 다 품에 안고 계시네

어깨는 말이 없다

중앙로 거리가 날마다 밤이 되면
음악과 함께 청춘이 들썩들썩하고
젊은 피가 돌고 있다

새벽에 모자를 쓰고
청소복을 입은 아저씨
밤새워 힘들어서 축 처진 가로등
골목길에서 컥컥 들리는 소리
역겹게 찌르는 냄새 속으로 들어간다

들개가 과하게 처먹다 기워낸
주둥이를 털어내는 것처럼
구겨지고 깨져서 부서진 것을
토해낸 토악질에
자식들 뭐라 하지 않고 깨끗이 닦아내며
미안하다미안하다 달래주며 쓰다듬는
아버지 손길이 있다

새벽이슬이 왜 찬 눈물인지,
청소부 아저씨,
처진 두 어깨에 태양이 떠오르고 있다

진미 眞美

혼자 생각하고 혼자 침묵하고
혼자 향기 내고 혼자 사랑하고

홀로 걷는 사람이 갈수록 많다
등산로에 홀로 걷는 꽃이 많다

가까이 있을 때도
멀리 있을 때도 혼자다
혼자서 핀 꽃이
외롭지 않은 듯이 살아간다

꽃은 벌과 나비가 환대해도 시들지만
사람은 웃는 얼굴이 환대할 때 행복하다

꽃의 향기는
벌을 만나기 위함이고
사람의 미향 美香은
사람을 만날 때다

꽃은 수정이 끝나면 떨어져 사라지지만
사람은 산모가 되면 완숙하고 예뻐진다

이름의 끝

일제 강점기 때
13살에 강제로
식모살이, 노역, 정신대로 끌려가
말할 수 없는 고통을 당하면서도
딸 하나 키워낸 어머니

딸년은
늙은 어머니가
평생 모아놓은 재산을
정리해서 챙긴 후
다급하다며
치매 걸린 어머니를
이웃집에 잠시 맡기는 척,
유기하고 도망갔다

외롭고 쓸쓸히
부서진 노인으로 버려져
쪽방에 쫓겨난 신세가 되어
홀로 죽었다
힘없이 벼랑 끝에 몰린
우리들이 갈 곳은 있는가?

신新 계급

열대야는 창고 지붕을 태우고 불은 비닐장판 위에
누워 있는 폐인廢人에게 붙어 타들어 가고 있다

빨간 다리가 수십 개 달린 왕지네가 눈 크게 뜨고
더듬고 있다 평생 대궐집을 화려하게 꾸며 살림과
조경을 맡아 해 주면서 늙도록 홀로 된 충성된 노비

39도 태양열이 쏟아져 내리고 파리 떼 윙윙거리고
폐물廢物처럼 버려진 채로 창고서 부패해가고 있다

옆 건물에서는 화려하게 꾸며준 실버타운이 춤추고
주인 수입자동차에서 반사되는 빛이 늙어서 쓰러진
노비 눈을 뜨지 못하게 쏘고 있는, 평생 다 헌신한
몸은 병들어 대궐집에서 먼 구석 창고에 처박힌 채
폐廢연장으로 녹슨 신음을 눈물로 떨어뜨리고 있다

수명 다된 늙은 형광등처럼 길게 누워 어둠 속으로
빨려 들어가 깜박거리는 노비는 야금야금 저승으로
덮여가고 통째로 삼켜버릴 죽음 사자가 올 것 같은
예감된 소리 스산스럽게 들리는 칠흑같이 깊은 격차

환경 난민들

남아돌아 쓸모없다
마구 버려진
죽음의 껍데기가 되어
모여 사는
쓰레기 산더미 주변에
흰나비들이
나팔나팔
떠나지 못한 채
빙빙 돌며
버려진 도시의 혼을
빨고 있는 굶주린 난민

악취 나는
문명의 향기라도
먹고 마시고자
주인 잃고 쫓겨나
버려진 개 고양이가
털털 살아가며
핥고 먹고 마시고

물들어가는 오염된 난민

어디로 가야 할지 몰라
길을 잃어버린 치매 난민

무게

늙은 짐승은
입술에 주름살 키워놓고
의미 없이 뻥뻥
마른하늘만 떠돌며 겉도는

젊은 짐승은
다리에 근육질 키워내며
바람에도 자라서
탐스럽고 붉게 익어가는

나리꽃

폭우가 지나간 오후 산책로를 걷다가
운동기구가 모여 있는 주변을 보니
듬성듬성 나리꽃이 피었다

꽃대 길게 뻗어 휘휘
바람이 흔들고 있는 주홍나리

이름 모르는 꽃을 보면
눈 깜짝할 새 꽃이지

이름을 알고 보면
꽃에 가고 싶어져

휘파람 불면 바람 향기 다가와 주고
헤어져 있을 때 부르면 그리워지는

이름, 부르는 순간 예뻐져서
또 부르면 향기가 되어 주고
눈이 맞닿으면 꽃물로 푹 빠져드는

원시교감 原始交感

등산로 한 벤치에는
사람만 앉으면 검은 오골계 한 마리가
쪼록 달려와 주변을 도는데
멀리 있다가도 사람이 오면
먹이를 주는 줄 알고
구구구 달려와 주위를 서성거린다

밤이 되면 집으로 돌아가고
아침 일찍 벤치로 출근을 하고
등산객은
구구구하는 닭을 기억하고
먹을 것을 챙겨온다

겨울 보문 산성 오르는 길에도
손바닥에다 땅콩 부스러기를
올려놓고 기다리면
참새들이 날아와서 땅콩을 물고
짹짹 짹~
인간과 동식물이

차별 없이
평화롭게 살아가는 터전,
자연이다

넝마주이

태어날 때
소금물 자국도 없이
죽음을 먹고 태어난
핏덩이 아이가
성인처럼 혼자서 살아가야만 했던
떠돌이 외발로 망태기 짊어지고
집게 들고 다니며
폐지만 찾다
그리움도 사치가 되어 있는
콘크리트 다리 밑에 살며
머물 곳 찾지 못하고 간

근근이 동네 할머니
동냥젖같이 마른 젖 빨며 울었던
미숙아로 태어나,
눈물 없이 잠시 머물다
피어보지도 못한 채
기구하게 29년 동안 굶주려 살다
마른 지푸라기만 못한 허기,

일생 외다리로 매달린 채
다리 위에서 시위로 지키려다
바람에 떠밀려서 갔다

2부

동자꽃

눈이 내리면
아이 소리 들리는 깊은 산사
가슴속에 묻어놓은
공양 밥 까먹으며 핀 눈물

폭설 아침에
싸리 빗자루 들고
마당에 눈길을 쓸던 손을
호호 불면 입김에 핀 아이

눈 덮인 길
흙이 되길 기다린 배고픔에
폭삭 내려앉아
꽃물이 흐르다 핀 얼굴

동지섣달 추위가
아이 몸속에 박혔다
언덕 위에서 살갑게 핀 꽃

아카시

늙으면 주름이 예뻐
모자이크가 되고
세월의 겸손은
가시를 속으로 감추어
미끈한 살결로
미녀의 꽃잎을 입히는

어리고 젊은 날
성깔이 길고 날카로우나
늙을수록
아름다운 세계를 만들어내니
노년에 가시를 먹어
골마다 아름다워라

나이가 들수록
뿌리는 더 깊고 넓어진
늙은 아카시,
백발의 꽃으로 출렁이며
결들이 고와서
陰陽 美를 품고 있어라

구름은 풍경이다

삶의 이야기꾼 부드러운 바위
날카로운 칼날 찌르는 화살촉
죽이는 살인마 살리는 어미젖
고요와 번개춤 유무선 창작자
날아가는 짐승 포옹하는 바다
기다리는 희망 얼굴의 변신자

현^{絃}이 차다

코로나19는
햇볕도 아프고 차다
연주가 헛돌아
바람에 동동 뜨는

카메라 한 대 앞에
매달려 도는 모빌,
그늘 벽에 숨어
따갑게 혼자 짖는 매미

차가운 고드름
물방울 소리처럼
관중 없이
떨어지는 연주 잎이 차다

혼자서
기다리는 신부처럼
문화의 거리에
홀로 휭~휭 서 있는 악사^{樂士}

수몰마을

버스를 타고 내려서
1시간 산길을 걸어가면
선착장에 도착해
배를 타고 가야 했던 마을
동면초등학교를 감싸고 있던 큰 느티나무들

벗들의 웃음소리가
파란하늘에 닿을 것같이
예쁘게 솔솔 되던 숲속
수채화마을 꼬마 아이들

노란 주황 살구빛깔이 어울렸던
착한 몸짓들
밤하늘 별빛과 둥근달을 닮은
금강 물줄기
정오의 햇살에 비추는 하얀 모래알의 물결
물빛을 먹은 산에 걸린
흰 구름과 황새 떼

더 이상은 갈 수 없는 옛 추억의 이야기가
수몰된 아픔으로 물속에 젖어 잠들어 있는

사랑방

불빛 먼 모퉁이 돌 듯
어린 봄처럼
풀잎 입 냄새 나는

언덕 위에 핀
산수유 진달래처럼
양지바른 햇살 아른아른

개구리가 울고
뻐꾸기 동산에서 뻐꾹뻐꾹
애절한 노래가 들리고
밤늦도록 꼬마처럼
뒤척뒤척 살과 살을 비비며
여울목이 흐르는

불빛도 속닥속닥
귀를 열고 듣는
등잔불처럼
작은 어깨 살짝 펴고

사랑 노래
호롱 호~랑 불러가며
새록새록 품이 자라가는

회귀回歸

꽉꽉 닫혔던
겨울커튼 젖히고

방 안 가득
햇살을 담아

겨우내 묵은
가지에 부어서
촉촉이 적신 후

맑은 시냇물로
쪼르륵 씻겨

피어나오는
고향살이
소담히 담고 싶다

시^{詩}

밤새 과녁을 찾다

새벽 고요할 즈음

靈感의 배에 올라

번쩍이는 별 하나

노를 저어 갈 때

숲속 걸린 천둥이

그리움

잠잠했던 용암이
팔팔 끓어오르고

빨간 눈동자에서
물결이 찰랑찰랑

오롯이 향한 마음
죽순같이 올라와

귀를 열어 보니
뚫린 허공 소리

들녘 끝자락까지
서성이는 그림자

총각김치

우리 아이를 닮았다
통통 살이 새뽀얗게
뽀도독뽀도독 차올라

파란바다 소금에 절여
각색 양념을 넣고 비벼
호호 붉어진 마음처럼

탱탱 오르는 젊은 힘이
아삭아삭 리듬을 타며
겨울 양식 키워낸 패기

혹한의 시절을 넘은 청년같이
수많은 외침에도 견딘 혼처럼
밥상을 싱싱하게 살리는 맛깔
맑은소리가 들려오는 아삭함

봄 마당놀이

피라미 물방개 갈대 사이로
발가숭이 헤엄쳐 다닐 때면
새벽이 일어나 기지개 펴고
논밭 식구들 물벌레 지렁이
곰실곰실 길을 찾아 가면서
찬 이슬에 젖어서 살아가고
새벽안개를 품고 길을 여는
아궁이 군불로 핀 여물냄새
송아지 입 파르르 파릇파릇

모심기

마름 방죽 옆 논농사로 이른 봄 농부가 부르며

거머리 피 수혈 빨리고 양손 어깨 못단 나르고

바지 무릎 걷어 올리고 수건 머리 동여 두르고

줄을 맞추어 모를 꽂고 봄 아지랑이 길 아낙네

머리 위 광주리 밥상들 한 손에 막걸리 주전자

등짝 속 흐르는 땀줄기 옛날 힘겨웠던 한 뿌리

농부 주름

할아버지 아버지가 쌓아 놓은 삶의 터전

기차소리 뿜어 낸 후, 연기처럼 사라지는

마지막 숨이 넘어가는 한 점 티끌까지도

붉은 노을은 빈 수레 삐꺽거리는 아픔을

내려놓지 못해 땀 찬 농토 물 주름 친다

몽당연필 닮았다

단단히 억센 향나무처럼
예쁜 향에
감추어졌지만
부드럽게만 단련된 심성

검게 탄 속 감추시고
자식 잘 되기만 위하여
꾹 꾹 참아내며
말없이 몸이 닳도록
내준 당신

자식 손에 꽉 잡혀 산
몽당이 놈,
우리 어머니 삶 닮았네

대한민국

단군 조선
삼국 통일
3. 1 운동
8.15 해방
6.25 사변
4.19 의거
5.18 광주 민주화
코로나19…

내 어머니는
배가 많이도 아팠어라!

아이 방식

중증장애 청년이 새 옷을 입고 왔다

누가 사 줬어요

옷이 미안해하지요

옷이 왜 미안할까요

못 사준 사람도 있으니까요

나이가 비늘처럼 떨어져가지만

맑은 아이가 풍성히 커가는 셈식

3부

산골 여름

풀벌레가
밥상 위 초록이슬을
사각사각 먹고

두레박이
우물 속에 있는
구름달별을 올리고

매운 땀은
매미와 잠자리 소리를
벌컥 마시고

대청마루가
밤참에 흐르는
개구리 음악을 마시는

두메산골 마을은
센바람도 쉬어가네

금강 평화

물총새가
금강에 곤두 박치니
피라미 새끼 놀라
하늘로 솟고

물빛에 물들이는
붉은 뫼산은
춤추는 잔물결에
배를 띄우고

두루미 긴 다리에는
비릿비릿
물고기가 번득이며
파닥거리고

흰 머리 가지런히
햇살로 빗은
갈대숲의 고라니 새끼
되착되착

뱃머리에 낮달 도표 펴고 자네

떠돌이 고향

전통 동네 맑은 샘물을
두레박에 찰랑찰랑 담아
집집마다 퍼주며 다녔던
여인들의 공동체 이야기도

천년 세월 동안
어머니가
손끝으로 퍼 올렸던
깊고도 파란 바위 속 생수도

산수천하를 담아 올렸던
도르래 소리꾼
아버지도
도랑물로 행복했던 농부도

폭삭 묻혀버린 채
왜 그리 먼지만 떠도는가!

달팽이 눈물

앵두나무 잎 밑동에 붙은
달팽이를 쿡 찔렀더니
툭! 떨어졌다

여름 불볕 아스팔트에서
도망갈 수도 없이
데굴데굴 구르다

촉촉한 혀끝에 쇳물이 닿듯
달팽이가 타들어 가다
숯이 되었다

거친 손가락 쿡, 장난기로
쏟아지는 태양열 속에서
화형을 당한 달팽이처럼

숨겨진 곰 발톱과
몸무게에 눌려
달팽이처럼 여린 아이

툭 툭 떨어져
숨을 쉬지 못하게 하는
난폭 어린~ 집

착한 뿌리

27년간 홀로 살면서
독거노인만 남몰래 찾아다니며
모든 삶을 허비하는 텅 빈 사람을 봤습니다

언어 색이 맑고 고와서
늙은이 마음에 닿을 때마다
휘청휘청 쓰러진 풀잎마다 꽃을 피워내
솔밭에서 풍기는 연한 솔향같이
은은히 퍼져 흐르게 합니다

친근한 딸처럼 따뜻하게
순한 양털처럼 부드럽게
스며들어 가 감싸주는 따뜻한 빛이 있는

이빨을 하얗게 보이며 웃는 것이
초록 잎 위에 앉은
산사나무 꽃잎같이 맑은 하늘 같습니다

물까치가 새끼들을 위해

쉴 새 없이 먹을 것을 물어다
연신 토해내 주듯
아름아름 맛있는 것은 다 챙겨줍니다

반공건국청년운동구국기념탑

앞에 죽은 듯이 늘어져
서 있는 자작나무처럼
백의민족의 자유를 높이 들다 묻혀,
다시 일어나
동강 난 38선 허리 속에 들어가
반공을 외치고 있는가

무명옷 걸치고 싸워온
반공건국청년의 불꽃 열기로
조국 위해 목숨을 건
붉은 강을 몇 번이나 넘고 있기에
이름도 없이 살 속에
파편 자국을 자작자작 박고 있는가

감출 수 없이 커다랗게 뚫린 젊은
가슴아!
흩어져 찢어진 총탄의 아픔을 안은
반공청년아!
빗물에 젖어 하염없이 썩어가는
나무토막이 된 것처럼 말이 없어라

몰라

간호사가 묻는다

이름이 뭐예요
몰라
생년월일이 뭐예요
몰라. 찾아봐
마스크 벗으면 안 돼요
몰라
늙은이가 왜 해야 하는지 모르겠어
예약 날짜가 지났네요
저번 주 화요일인데요
몰라
앉아 계세요
저게 뭐야
손세정제예요
몰라 약이나 줘

보호자도 없이 치매 노인이 병원에 왔다
말할 때마다 녹물처럼 흘러내리는 것이

내 안에도 늙은이가 쑥쑥 자라고 있으니
나도 모르게 줄줄 녹아내릴 때가 오겠다

해고

겨우내 하우스에서
정성 드려 자란 고추 모종들이
봄볕에 나와
영원히 살아야 할 두렁으로 이사하면서
검정 비닐 씌워주고
한 줌 흙으로 꼭꼭 덮어주면
오래도록 살 것같이 자라며 꽃 피우고
열매를 맺으며 살아갔던

어머니 뜨뜻한 자궁에서 보호받으며
온실처럼 살다
한 줌 흙을 입고 나와 평생토록 흙 속에 묻혀
오순도순 웃음꽃을 피우며
자식들을 낳고 살아갔던 집

다년생에서 일년생으로
생을 마감하는 고추나무처럼
가정을 위해
오랜 직장에서 깊이 뿌리박고 살만하면
뽑혀 버려져 시들은 나무처럼
투명인간으로 취급받으며 살아야 하는

왈츠의 봄

봄을 품은 암탉이
노랗게 꽃을 피우고
담장의 개나리도 품었던 꽃을 낳고
병아리는 꽃을 익히기 위해
삐악 삐악 품속을 찾고
진달래는 떨어지지 않으려고
바람 따라 줄줄이 흔들며 미소 짓는다

봄은
고드름을 품에 안고 처마 끝에 머뭇거리는
겨울이
내려올 수 있도록 조율을 하는 중이다

잔혹사 殘酷史

결혼 후 가장으로서
책임을 다하기 위해
35년간 열대사막에서 근로자로 살았다
월급은 쓰지 않고
몽땅 집으로 보냈고
1년에 한 번 정도 집에 오면 반겨줬다

그러다가 희망을 안고
정년퇴직을 한 후
집에 돌아오니 아내는 쌀쌀맞게 대했다
구박하고 폭행하고
돈도 빼돌려 놓고
여러 사유를 붙여서 이혼을 강요했다

자식은 가끔씩 본
아버지가 정이 없다며
낯선 사람처럼 거리 두기로 경계를 했고
아내는 몰래 자식과 함께
편하게 호화생활을 하며

계획적으로 짜고서 아버지를 내몰았다

1년 동안 거리를 헤매다
늦게 발견되었지만
부패한 상태가 돼 무연고 묘에 묻혔다

평생 가족을 위해
돈벌레로 살았으나 돌아온 것은
거지 같은 생활과 고독한 죽음뿐이었다

분리수거

20대가 70대에게 분리수거를 하지 않고
버렸다면서 싸움은 시작되었다

왜 자꾸 거짓말하는 거예요

내가 언제 거짓말했다고 그래

좀 전에 욕하고서 안 했다고 그랬잖아요
옆에 아저씨도 왜 아깐 욕했다고 말하고
지금은 가만히 있는 거예요
경찰을 부를까요

맘대로 해

참내
기가 막혀서
늙으면
분리수거해야 한다니까

〈
그래도 나는 폐품처럼 분리수거 당하는
재생^{再生}사회에서 살고 있나?
폐품도 못 되어 쓰레기처럼 버려지는
폐기^{廢棄}사회에서 살고 있나?

23.5

아프리카 딩카족은 소와 함께 살면서 소 오줌으로
머리를 감고 소똥을 방부제로 사용하면서도 또한
건기에 사는 것이 극한이 아님을 아는 사람들이다

인도 카나우지 지역 사람들은 향수마을에 살면서
빗방울 머금은 흙의 냄새를 풍기는 미티 아타르
대지 향수를 만들기 위해 건기 때 간절히 우기를
기다려 첫 비를 맞은 싱그러운 흙을 빚어 끓인다

히말라야의 차프카 보트족은 세상에서 제일 높은
고산지대 마을에 살며 숨이 차고 호흡이 힘들지만
내려오면 호흡이 깊어져 오히려 힘든 사람들이다

기울어졌기 때문에 지구는 다양하면서 아름답다

삶의 방식은 달라도 우리는 23.5 기울기를 갖고
더 새롭고 좋은 아름다움으로 표현할 수 있었고
다양한 신비를 캐내어 기적을 만들어 내는 것은
각각 기울어진 23.5 비밀을 갖고 있기 때문이다

〈

23.5 기울어도 도전하며 살아가는 사람들 속에
감추어 있는 비밀을 발견하고 신비롭고 새로운
희망을 캐내려고 닥친 극한에도 맞서는 사람들

새로움을 위해 기울어진 경사로에서 땀을 먹는
極限을 必然으로 걸어가며 고지에 깃발을 꽂아
살리는 사람은 왜 내게 23.5가 있는지를 안다

여의도 춤

곳곳이 파 헤쳐져 곪아 터져 흐르고

바람은 세차게 펄럭펄럭 울부짖으며

마른 잎처럼 시름시름 죽어가는 민중

푸르게 불타올라 새록새록 오르다가

찬바람에 시퍼렇게 멍들어 가는데도

끼리끼리 헐뜯고 뛰어 밟아 오르며

배지를 번쩍번쩍 찬란하게 자랑하는

삼백 개 짐승은 먼 나라 춤을 춘다

감나무

수많은
입이 있어도
말하지 않아

바람 따라
몸만
흔들다

때론 좋아서
초로~록
웃다

붉게 수줍어
고개 떨군
딸 시집보내는

감나무 2

1년 농사를 파먹던
자리에서
까치는
싹도 틔우지 않은
가지를 밟고 서 있다

잊어버리자
잊어버리자
새날의 꿈을 비비대며
일어섰다

겨우내 말랐던 몸
봄비 촉촉이 적시고
새살 달래며
봄볕을 품에 안고
다시 일어선 선한 농부

저수지 화음^{和音}

집 앞 새 둥지 모양을 한 저수지에는
말잠자리 물방개 물거미 뱀 송사리
붕어 물벼룩 참개구리 반딧불이
사마귀 논우렁이 미꾸라지가 살고 있어
어릴 때 살 속에 박힌 이름들이
가슴에 파릇파릇 살아나 지워지지 않고 있는

동네 사람들이 배고프지 않도록
목말라하는 논밭에 물을 공급해 주고
흰 눈이 날리는 겨울에는
꽁꽁 얼음을 제공해 줘 아이들 놀이터로
썰매 타기와 팽이 돌리기로 신나게 놀고 있으면
저녁 먹어라~ 엄니 소리가 들렸던 울림이 있는

4부

촛불

할머니의 불심 소원
하강하는 민중 희생
어린 소녀소년 별빛
끌어 오르는 불사조
혼자 타오르는 겸손
소리 없는 울음소리
항거하며 발한 광명
몸짓 숨겨진 기초돌
흔적 없이 탄, 불꽃

치매

낡은 항구에
정박해 바삭 마르다

덕장에
걸려 있던 기다림도

가시에
매달려 있던 추억도

블랙홀로
매 순간 사라져가는

마음

미워할 때마다
총탄은
나를 향해
날아 와
곰보가 되게 하고

내려놓을 때마다
추억은
나를 향해
날아 와
향기를 놓고 가네

이빨 자국

우리는 생물선생을 털보 사타구니라 불렀다
오른손에는 지휘봉을 들고
왼손에는 참고서와 책을 들고 다녔다
추악 무도한 일본 잔재 생체실험을 배웠는지
숙제 성적 졸음 거스르는 복장 등 행동기준에 걸리면
전체가 보는 앞으로 나오라 해서 손에든 지휘봉을 휘둘렀다
당하는 학생은
죄인 되어 포로수용소로 끌려가는 범죄자처럼
양손 머리에 얹고 뒤로 돌아 칠판을 보게 한 후
털보는 갑자기 손을 집어넣고 사타구니를 공격했다

악어가 강을 건너는 생 노루를
와락 물어뜯어 돌리고 돌리면 몸을 뒤틀고 허우적이며
반사적으로 저항하지만 사형수처럼 순간 이슬로 사라지듯이

양손 들고 사타구니가 모욕받는 공포의 수치심과 함께
죄인처럼 된 듯 낙인이 찍히고

아무런 저항도 할 수 없었던 15세 사춘기 시절
군부독재의 전통을 이어받은 듯
강제로 지휘하려는 털보선생이 잡고 있는 거만함에
저항도 초토화된 생물시간은
처참히 영혼과 육체가 생체실험 같은 시간이다
박정희 정권의 손에 든 지휘봉, 털보 교권의 손에 든 지휘봉,

군부독재의 교육을 통해 물린 학생은
악어 이빨 자국이 선명한 하체가 지금도 아리아리하다

시강 詩江

감추어 있다가 살며시 보이고
찾으면 금세 저만치 사라지는
역사에 수만 가지 연출했어도
새로운 창작 새 되어 날아온다
태어나자마자 멋 자랑할 만하면
지나간 녹슨 쇳물 뚝뚝 떨어지고
캄캄한 암흑에서 퍼진듯하다 가도
번득 치고 높은 바위 파도가 되다
잠잠한 호수에 물들어 풍경 되었다
옷고름만 보이는 여인이 되었다가도
애타는 노래를 부르는 가슴이 되었다
사내 근육질 구릿빛에 한바탕 놀다가
갓난 아이 햇살같이 고운 풀잎 되었다
어머니 유두빛 주룩 떨어지는 핏물되었다
칼날의 병사가 춤추다 사랑에 빠지게 했다가

억새와 풀

억새는
바람에 맞춰서 흔들고
함께 넘어지고
혼자 일어나서
바람을 일으키며
억세게 산다

풀은
몸을 키우지 않고 엎어져
바람이 불면
바람을 키워내면서
억센 바람도
순하게 울게 한다

억새는
흔들며
소리 내어 울고
풀은
밤을 품에 안고
속에서 운다

노을 끝

하늘 닮은
홍학이
썰물에 다리를 담고

타오르는 갯벌에
조개가
주름살을 토해 내니

애타는
붉은 바람도
마른 한 잎에 서 있네

축제

초가집 앞마당에 고추잠자리
붉은 가을에 젖어 리듬 타고

메뚜기가 언덕에 기어오르니
바람 결 춤추는 노래가 되고

들녘은 밟아 뛰는 누런 이삭
아삭아삭 익어가는 농부마음

외양간 송아지 음매 소리에
밤이슬도 깨어나 별을 품네

중년

청년 때
빛이
검은 머릿결에 흐르다

사막처럼 메말라
풀 한 포기 없는
소갈머리처럼 훤하다

집 뜰 앞 떨어진 세월
감잎처럼 물들어 가며
투박하게 외로워진 낯

감나무 표피 닮은 손등은
고추바람에 매섭게 멍들어
파인 노동 흔적만 남아 있네

삼색일체 三色一體

메마른 대지 위에 벚나무 마디마다
하얗게 펼쳐놓고 떠들던 별들 잔치
아낌없이 떨쳐내고 일어선 초록무늬

계족산 처마 밑에 매달린 진달래꽃
떨어내지 못해 아롱진 그리운 자국
진한 분홍빛 립스틱 바른 눈물무늬

눈부시게 초록초록 물들여 놓은 달
아침이슬 같은 영롱한 눈빛에 취해
낮은 풀잎 속에서 펼치는 향연무늬

붉은 흔적을 봤다

붉은 황토밭이 많아 알토란같은 식물이 자라는 마을
늙은 부모가 살고 있는 벌판 위의 붉은 슬레이트 집

어릴 때 아버지가 벽돌을 한 땀씩 쌓아 지금까지 와
50년 버티며 보금자리로 살았던 부모 품 속 같은 집

산수유 피는 3월의 봄, 당신과 함께 하룻밤 지내며
잠을 이룰 수 없었던 긴긴 겨울밤같이 먹먹한 가슴

바닥은 밤새워 기름보일러가 돌아가는데 황소바람은
이슬을 몰고 와 내몰린 벌판에 누운 풀처럼 서늘하여
힘을 다 소진한 하룻밤에 악몽의 시간이 된 어지러움

자식들은 결혼해 객지에 살면서 부모가 왜 아픈지도
몸에 병이 많은지도, 쇠약한 것이 늙어서 그렇다고만

잠을 잘 때 철갑같이 옷을 두껍게 입고 장갑을 끼고
고양이처럼 구부정하게 웅크리고 자는지도 모르면서
가을이 되면 농작물을 챙겨가 받아먹을 줄만 알았던

〈

허리가 꺾여 얼굴이 땅에 닿을 것 같은 몸뚱이 되어
밭에 나가 일하고 심장은 떨어져 나가 인공을 박고서
다리를 질질 끌면서 농사를 짓는 것이 자식 위한다며
항상 괜찮다 괜찮다 말하는 부모 사정도 모르고 있는

겨울의 된바람 쉬지 않고 몸으로 받아내며 산 세월을
몸에 박고 밥처럼 씹어가며 견딘 흔적이 지금 조용히
드러나면서 굴레의 병들을 실타래처럼 풀어내고 있다

눈물이 나의 위선이 되고, 부끄러움이 포장될 까봐
허허벌판에서 살아 온몸의 흔적 보며 울지 못했다
미지근한 내 작은 체온도 말없이 떨어내고 싶은 하루

종달새가 울고 있다

초등학교 2학년 아이가 수업을 마치고
집으로 돌아오는 발걸음에 종달새는
매일같이 머리 위에서 울었다

울음이 너무 슬프게 들려 주변을 살피다
길옆 콩밭에서 자라고 있는 망초대 밑
둥지 안에는 새끼 4마리가 꿈틀거렸다

종달새는 사람이 지나갈 때마다 울었다
둥지 안에 있는 새끼들을 위험으로부터
지키려고 강한 본능으로 공중에서 울었다

주변, 종달새가 보호본능으로 울고 있다

산에서 나무와 짐승들이 위험하다 울고
강과 하천에서는 물과 물고기들이 울고
바다에서는 수많은 생명들이 울고 있다

하늘에서도 보호본능으로 아프다 울고

지구 곳곳에 아프다 눈물 흘리며 울고
나와 자식과 삶의 터를 지키려고 운다

생명 눈물은 생존과 회복과 경고 신호다
조용한 바이러스 더욱 강도가 깊고 넓다
온통 울고 있는 지구의 울음바다 속에서
우리는 경고로부터 살길을 찾아야 한다

반딧불

고향을 닮은
반딧불이 반짝반짝

어머니
부드러운 선한 눈빛처럼

밤에게 보내는
순純 진동이

계곡 쑥물빛에서
발원된
하모니

콩을 볶아 내고 있는
太古 어머니

노숙자

노래의 슬픔만큼 터져
술병이 쓰러져 쌓이고
걸음은 시리게 아프다

비틀거리는 네온거리에서
홀로 꺼져가는 전구처럼
아슬아슬하게 깜박거리는

반짝거리는 별이 되고자
홀로 뛰면서 쏟아냈지만
채울 수 없는 커다란 벽

겉치장한 옷을 던지고
자유의 영혼을 입고자
홀로된 거리에 누웠다

채우고 싶은 가슴만이
매운 달빛을 맞으면서
떨어질 듯 매달려 있다

복사기

어머니는
침을 바르고 꼭꼭 눌러서
정자正字로 써야 해 말했지

선생은
흰 분필로 파란칠판에 쓰며
노트에 따라서 써라
책의 글자를 불러주며
꼭꼭 받아쓰라 말했지

몸과 정신에 박힌 것은
배우고 익힌 대로
받아쓰고
따라서 암기하고
베껴 쓰면 되는 줄 알았지

딸딸 외우며 시험을 봤지
머리 나쁜 놈은 떨어져
부모 탓했지

합격한 놈은
머리 좋다고 지 자랑했지

업무도 습관처럼 상사를 따라
눈치껏 배우고 익히면 됐지

틀에 박힌 종이상자 같은 삶

복사기가 되어 척척 찍어내듯
다른 것은 알 필요도 없이
암, 암기만이 힘인 줄 알았지

봄비

찬바람이 불며 꽃을 잉태하러
생명의 날개로 대지를 열고자
떨어지며 풍요롭게 울음을 시작한다

엄니의 가슴이 우리의 기력을 살려서
얼굴은 훤하고 전신은 살아나
꽃피고 열매 맺는다

봄비는 어머니가 자식에게 다려주는
보약 같은 하늘의 정성이다

대지를 일으켜 생명을 잉태하게 하는, 봄비
자식을 성숙하게 키워 번성케 하는, 어머니
봄비는 어머니 같은 탕약이다

봄비가 운다
탕약이 끓는다

■□ 해설

물 흐르듯 흘러가는 시

오봉옥

(시인, 서울디지털대학교 교수)

1

 이창진은 목회자이자 시인이다. 그가 세 번째 시집을 출간할 계획이라며 해설을 부탁해 왔다. 버릇처럼 원고부터 보내달라고 말했다. 나는 사람을 알기 전에 시부터 보는 경향이 있다. 사람을 굳이 만나지 않더라도 시를 보면 그 사람이 훤히 보이기 때문이다. 시집원고를 읽는 데에는 많은 시간이 필요치 않았다. 그리고 시를 읽어보니 그를 만나지 않고도 알 수 있을 것 같았다.

 그는 다작의 시인으로 느껴졌다. 그의 시 대부분은 한순간의 감흥을 노래하고 있고, 시 한 편 한 편에 매달려 끙끙대기보다는 일필휘지로 써내려간 느낌을 안겨주고 있었다. 시집원고를 덮으며 그가 궁금해졌다. 어떻게 살아온 사람이고, 어떤 마음으로 시를 쓰는 것일까. 전화를 걸었다.

아나나 다를까. 그는 이번 시집 이외에도 900여 편의 미발표작이 있다고 했다. 보통 시는 하루에 적게는 한 편, 많게는 서너 편씩을 쓰고 있다 했다. 시를 쓰는 방식을 물었더니 보통 시가 오면 핸드폰 메모장에 기록해 두었다가 한글파일에 옮겨 적는다고 한다. 오랜 만에 다작의 시인을 만난 듯했다.

다작의 시인이 된 이유가 흥미로웠다. 그는 스물세 살에 교통사고를 당했는데 그때 주님을 만나 겨우 목숨을 건질 수 있었다. 그는 신학대학에 다니며 '말씀의 은사'를 받기 위해 3년 동안 아침을 거르는 금식기도를 했다. 성경을 스스로 해석할 수 있는 능력과 설교의 능력을 달라는 것이었는데 3년 쯤 지나자 하나님께서 응답을 해주셨다.

그 뒤로 25년 간 하나님께서 전해주는 마음의 음성을 전하며 살아왔는데 시 역시 마찬가라고 한다. 시는 특별한 것이 아니라 살다가 마음에 부딪쳐오는 게 있으면 그것이 자연스레 시가 된다는 것이다. 그의 말을 들으며 나는 파블로 네루다의 시 「詩가 내게로 왔다」를 떠올렸다. 그럼 그의 마음속으로 스며들어온 시를 보기로 하자.

2

그의 시엔 유독 어머니에 대한 그리움을 노래한 시편들

이 많다. 어머니는 아버지를 일찍 여의고 혼자서 긴 세월을 살다가 몇 년 전 세상을 떠나셨다고 한다. 그래서인가. 어머니에 관한 시들엔 연민의 감정이 녹아있다.

>단단히 억센 향나무처럼
>예쁜 향에
>감추어졌지만
>부드럽게만 단련된 심성
>
>검게 탄 속 감추시고
>자식 잘 되기만 위하여
>꾹 꾹 참아내며
>말없이 몸이 닳도록
>내준 당신
>
>자식 손에 꽉 잡혀 산
>몽당이 놈,
>우리 어머니 삶 닮았네
>
>-「몽당연필 닮았다」 전문

봄 먹은

얼갈이 한 단 사와

맑은 물에

뉘어

묵은 때를

벗겨

방울방울 구르는

초록빛으로

총총 썰어

설 설

비벼대는 엄니 맘

− 「천심千尋」 전문

　「몽당연필 닮았다」와 「천심千尋」은 비유의 솜씨를 잘 보여주고 있는 시들이다. 「몽당연필 닮았다」에서의 어머니는 '향나무처럼 예쁜 향'이 나면서도 부드러운 '심성'을 가진 연필 같은 존재이다. '몽당연필'인 어머니는 자식들을 위해 '말없이 몸이 닳도록' 자신을 내주면서 살아간다. 고단한 삶을 '꾹 꾹 참아내며' 아무런 말도 없이 희생을 감내하고 있는 것이다. 어머니는 결코 그 고단함을 드러내지 않는다. 그저 '검게 탄 속' 감추며 자식들이 자신을 도구로 삼아 인생을 써나가길 바라실 뿐이다. '몽당연필'은 그 철없는 '자식 손에 꽉 잡혀' 닳고 닳아지다가 한평생을 마감한다. 이 시는 눈물샘을 자극한다. 시를 다 읽고 나면 가슴이 아려오다가, 멍해지다가, 급기야 '몽당연필' 같이 살다가 죽은 어머니를 떠올리며 눈시울을 적시게 된다. 「몽당연필 닮았다」가 감동을 안겨주는 시라면 「천심千尋」은 읽는 맛을 느끼게 해주는 시이다. 「천심千尋」은 간명한 묘사로 이루어져 한눈에 읽혀진다. 가난한 어머니가 '얼갈이 한 단'을 사와 '맑은 물에 뉘어 묵은 때'를 벗긴 뒤 '총총 썰어 양푼에 넣고 설설 비벼대며' 맛있는 얼갈이김치를 담는다. 그게 어머니의 마음이라는 거다. 얼갈이김치를 '엄니 맘'이라고 했으니 시 전체가 하나의 은유인 셈이다. '봄 먹은 얼갈이'를 '초록빛으로 총총 썰어 양푼'에 넣는다고 하니 싱그러움을 느끼지 않을 수 없고, 그것을 '설설 비벼' 얼갈이김치를 만든다고 하니 입맛을 자극하게 된다. 시적 화자와 '엄니'가 살았던 때는 궁핍한 시대였다. 반찬이라고 해봐야 김치를 비롯하여 한두 가지가 전부이던 시절이었다. 화자는 어머니가 손으로 버무려서 가져온 김치를 맛있게 먹으며 자랐을 것이고, 어머니를 다시 뵐 수 없게 되자 알싸하고 입안에 침이 가득 고이는 얼갈이김치 맛이 새삼 그리워졌을 것이다. 그렇게 해서 나온 이 시는 어머니를 '얼갈이김치'처럼 깊은 맛을 내는 존재로 그려낸다. 이 시의 묘미는 개성적인 표현에서도 느껴진다. '얼갈이'가 '봄'을 먹고 자랐다는 표현과 물속에서 건져낸 얼갈이를 '방울방울 구르는 초록빛으로 총총 썰어 양푼'에 넣었다는 표현이 그것이다. '천심'이라는 제목은 천 길이라는 뜻으로 매우 높거나 깊음을 말한다. 이 시는 결국 어머니의 그 높고 깊음을 정성들여 김치를 담는 행위와 손맛으로 드러낸 셈인데, 이 시 전체가 은유로 작동되어서인지 읽어볼수록 재미를 만끽하게 된다.

>물총새가
>금강에 곤두박질치니
>피라미 새끼 놀라
>하늘로 솟고
>
>물빛에 물들이는
>붉은 뫼산은
>춤추는 잔물결에
>배를 띄우고
>
>두루미 긴 다리에는
>비릿비릿
>물고기가 번득이며
>파닥거리고

> 흰 머리 가지런히
> 햇살로 빗은
> 갈대숲의 고라니 새끼
> 되착되착
>
> 뱃머리에 낮달 도표 펴고 자네
>
> －「금강 평화」 전문

「금강 평화」는 정중동(靜中動) 동중정(動中靜)의 느낌을 주는 시이다. 정중동(靜中動)은 고요한 가운데 움직임이 있다는 의미이고, 동중정(動中靜)은 겉으로 움직임이 있는 가운데 내면적인 고요함이 있다는 의미다. 이것이 자연 생태계의 원리이자 영원한 생명의 원리다. 이 시는 먼저 '정'(靜)의 상태를 보여준다. '금강'엔 '피라미 새끼'가 유유자적 노닐고 있고, '붉은 뫼산'이 몸을 담그고 앉아 있으며, '두루미' 한 마리가 발을 담그고 어딘가를 무심히 바라보고 있다. 강가 '갈대숲'엔 '고라니 새끼' 한 마리가 낮잠을 자고 있다. 참으로 고요한 풍경이 아닐 수 없다. 하지만 그런 '정'(靜)의 세계는 먹이를 낚아채려고 '금강'에 곤두박질치는 '물총새' 한 마리로 인하여 깨트려진다.

'정'(靜)의 세계가 한순간에 '동'(動)의 세계로 뒤바뀌는 것이다. '피라미 새끼'가 놀라 하늘로 치솟아 오르고, 강물에 잠긴 '붉은 뫼산'이 물결을 따라 흔들리고, 놀란 물고기들이 파닥거리면서 '두루미 긴 다리'에 부딪치고, 그런 부산스러움이 강가 갈대숲에서 잠을 자고 있는 '고라니 새끼'에게까지 전이되어 몸을 '되착'거리게 만드는 것이다. 그런데 재미있는 것은 강물 속을 뒤집어놓은 '물총새' 한 마리의 행위에도 불구하고 강가에서 잠을 자고 있는 '고라니 새끼'는 그저 몸을 뒤척거리는 반응 정도만 보여준 채 다시 잠결에 빠져든다는 사실이다. 그것도 배를 움직이는데 쓰는 '도표'를 펴놓고 그 위에서 태연자약 잠을 청하는 것이다. 마치 흔들리는 요람에서 아기가 잠을 청하듯이 그 흔들리는 물결의 리듬에 맞춰 깊이깊이 잠에 빠져든다는 것이다. 그것이야말로 동중정(動中靜)의 세계가 아닐 수 없다. 그렇듯이 이 시는 자연의 원리와 생명의 원리를 보여주고 있어 우리로 하여금 많은 생각을 하게 만든다. 「금강 평화」가 자연을 노래한 시라면 「23. 5」는 자연과 더불어 살아가는 인간세상을 노래한 시다.

> 아프리카 딩카족은 소와 함께 살면서 소 오줌으로
> 머리를 감고 소똥을 방부제로 사용하면서도 또한
> 건기에 사는 것이 극한이 아님을 아는 사람들이다

인도 카나우지 지역 사람들은 향수마을에 살면서
빗방울 머금은 흙의 냄새를 풍기는 미티 아타르
대지 향수를 만들기 위해 건기 때 간절히 우기를
기다려 첫 비를 맞은 싱그러운 흙을 빚어 끓인다

히말라야의 차프카 보트족은 세상에서 제일 높은
고산지대 마을에 살며 숨이 차고 호흡이 힘들지만
내려오면 호흡이 깊어져 오히려 힘든 사람들이다

기울어졌기 때문에 지구는 다양하면서 아름답다

- 「23.5」 중에서

이 시는 자전축의 기울기를 통해 지구의 다양한 삶을 조망하고 있다. 만약 지구 자전축의 기울기가 23.5도가 아니라면? 그러면 '소 오줌으로 머리를 감고 소똥을 방부제로 사용하며' 살아가는 '아프리카 딩카족'은 존재할 수가 없고, '흙을 빚어 끓여서' 만든 향수를 팔며 살아가는 '인도 카나우지 지역 사람들'은 존재할 수가 없으며, '세상에서 제일 높은 고산지대 마을'에 살면서도 그것을 행복으로 알며 살아가는 '히말라야의 차프카 보트족'은 존재할 수가 없다. 시적 화자는 '지구가 다양하면서도 아름다운 건' 절묘하게 23.5도로 기울어졌기 때문이라고 역설한다. 자전축의 기울기를 이야기하는 이 시는 두 가지의 의미를 함의하고 있다. 지구의 생성과 소멸이 그것이다. 시적 화자는 자전축의 기울기가 23.5도로 절묘하게 기울어졌기 때문에 우리가 살고 있다는 점을 누누이 이야기함으로써 지구라는 행성에 대해 다시금 생각하게 하고 반성하게 만든다. 지구는 신이 주신 놀라운 선물이다. 그 선물을 지구온난화 등으로 바꾸게 된다면 생태계는 대혼란의 상황에 직면하게 된다. 이 시는 그런 문제의식을 바닥에 깔고 있다. 오랫동안 목회자로 살아온 이창진 시인은 놀랍게도 '종교'적 색채를 전혀 드러내지 않는다. 이 시 역시 신비하고 평화로우며 아름다운 자연 현상과 그 자연과 더불어 살아가는 인간들의 다양한 삶을 이야기하면서도 거기에 절대적 존재를 연결시키지는 않는다. 그저 절묘한 기울기를 통해 이루어진 다양한 삶에 대해 다시금 생각해 볼 것을 요구할 뿐이다. 그런 점에서 이 시는 물음의 방식을 사용하지 않으면서도 묻고 있는 시라고 할 수 있다. 그 절묘한 기울기의 배후에 무엇이 있는지를 결정하는 것은 순전히 읽는 이의 권리이자 몫일 뿐이다. 이 시와 연결 지어 읽어볼만 한 시는 「온난화」이다.

70년대 초
돼지를 많이 기르는 외딴집에서
개구리를 잡아다 주면
한 마리당 1원씩 주었다

동네꼬마들은
새해부터 개구리 잡으러
산과 들, 논과 하천을 파헤치며
돌아다녔다

새끼 돼지와 어미를
통통하게 살찌우기 위해
산 개구리를
펄펄 끓는 가마솥에 넣고 삶았다

돼지 농장주는
빠르게 통통통 배를 불렸지만

동면에서 깨어 나오기도 전에
잡혀 사라져간
개굴개굴 울음만큼
지구 틈은 **쩍쩍** 벌어져갔다

- 「온난화」 전문

지구온난화로 개구리의 멸종이 가속화되고 있다. 해외 과학기술동향의 보고서에 의하면 개구리가 빠르게 없어지고 있는 이유는 기후 변화에 따라 급속히 퍼지는 균에 의한 질병과 관련이 있다. '경칩'이 오면 개구리가 깨어난다는데 이젠 지구온난화로 인한 기온상승으로 개구리들이 1월 말부터 알을 낳기 시작한다. 이 시는 그런 위험성을 어린 시절의 경험 한 토막을 통해 실감나게 보여준다. 자전적 체험을 바탕으로 이야기를 재구성하여 독자에게 마치 보고하듯 전달하는 이 시의 작중 화자는 개구리의 소멸과 지구온난화의 가속이 어떻게 연관되는지를 형상적으로 제시하고 있다. 돼지농장 주인은 돼지를 살찌우기 위해 '동네꼬마들'에게 금전을 미끼로 개구리사냥을 요구한다. 철없는 아이들은 그 금전의 유혹을 이겨내지 못하고 개구리를 잡으러 '산과 들, 논과 하천을 파헤치며' 돌아다닌다. 돼지 농장주의 얄팍함은 개구리 한 마리당 1원씩을 주는 행위로, 잔혹성은 '산 개구리를 펄펄 끓는 가마솥'에 넣고 삶는 식으로 그려진다. 이 시의 메시지는 분명하다. 지구온난화 현상을 가져오는 데에는 인간의 욕망과 그것을 안일하게 받아들이는 자세에서 비롯된 것임을 역설하는 것이다. 이 시는 애매하거나 모호하지 않아 굳이 해석을 할 필요가 없을 정도로 명징한 시이다. 그리고 독자와의 소통을 강화하기 위해 이야기시 방식을 채택한 시이다. 「온난화」가 이야기의 재미를 통해 그 심각성을 전달해주는 시라면 「마음」은 한순간의 감흥을 툭툭 내뱉듯이 쓴 시이다.

> 미워할 때마다
> 총탄은
> 나를 향해
> 날아 와
> 곰보가 되게 하고
>
> 내려놓을 때마다
> 추억은
> 나를 향해
> 날아 와
> 향기를 놓고 가네
>
> – 「마음」 전문

이 시는 '관계'와 '욕망'에 대해 노래한다. 타자를 시기하고, 질투하고, 미워하는 마음은 그것이 결국 '나를 향해' 다시 돌아와 '곰보' 같이 얽은 마음이 되게 한다. 사람은 욕망의 존재이다. 욕망을 내려놓으면 향기로운 존재가 되고, 반대로 욕망을 내려놓지 못하면 추한 존재로 남는다. 문제는 '마음'이다. '마음'이 존재를 결정한다. 이렇듯이 이 시는 진리가 단순한 것처럼 투명하면서도 명징한 시다. 이창진 시인이 말한 바와 같이 어느 순간 '시가 와서' 한 마디 툭 내뱉는 듯한 시다. 요즘엔 장황하고 난삽한 시들이 유행하고 있다. 장황하게 많은 말들을 쏟아내는 시들, 통사구조를 해체하거나 변형시켜 일상적인 어법으로는 이해하기 힘든 시들이 판을 치고 있는 것이다. 이런 때에 이창진 시인은 정반대의 길을 걷고 있다. 되도록 쉬운 시, 되도록 편안한 시를 지향한다. 어떤 때는 극도로 정제되고 소통이 가능한 짧은 형식의 서정시를 쓰기도 하고, 어떤 때는 또 이야기하듯이 길게 풀어지는 시를 쓰기도 한다. 그저 마음에 부딪쳐 '오는' 것을 자연스럽게 내뱉을 뿐이다. 그런 점에서 그의 시는 극서정시나 '디카시'와도 다르다. 그는 의식적으로 짧은 시를 지향하지 않는다. 그의 시는 억지스러움이 없다. 억지로 꾸미려 하지 않고, 억지로 구조를 해체하거나 변형시키지 않는다. 그저 물 흐르듯 글을 쓴다. 시가 '오면' 일필휘지로 써내려 간다. 하나님이 전해주신 마음의 음성을 설교로 풀어내듯 마음속에 부딪쳐 온 시구절을 있는 그대로 풀어서 보여줄 뿐이다.

다작의 시인들은 자연스러우면서도 거침없이 내뱉는 그 작법 때문에 걸작을 생산하기도 한다. 이창진 시인의 세 번째 시집 출간을 축하드리고, 시의 길을 걸어가는 동안 많은 걸작을 남겼으면 하는 바람이다. 건투를 빈다.